Hidroginástica

Instituto Phorte Educação
Phorte Editora

Diretor-Presidente
Fabio Mazzonetto

Diretora Financeira
Vânia M. V. Mazzonetto

Editor-Executivo
Fabio Mazzonetto

Diretora Administrativa
Elizabeth Toscanelli

Conselho Editorial

Educação Física
Francisco Navarro
José Irineu Gorla
Paulo Roberto de Oliveira
Reury Frank Bacurau
Roberto Simão
Sandra Matsudo

Educação
Marcos Neira
Neli Garcia

Fisioterapia
Paulo Valle

Nutrição
Vanessa Coutinho

Hidroginástica
Propostas de exercícios para idosos

2ª Edição Revisada e Atualizada

Regina Simões
Flávia Fiorante
Alessandra Cerri
Sérgio Eduardo Nassar
Moacyr Portes Júnior

São Paulo, 2015

Hidroginástica: propostas de exercícios para idosos
Copyright © 2008, 2015 by Phorte Editora

Rua Treze de Maio, 596
Bela Vista – São Paulo – SP
CEP: 01327-000
Tel/fax: (11) 3141-1033
Site: www.phorte.com.br
E-mail: phorte@phorte.com.br

Nenhuma parte deste livro pode ser reproduzida ou transmitida de qualquer forma, sem autorização prévia por escrito da Phorte Editora Ltda.

CIP-BRASIL. CATALOGAÇÃO NA PUBLICAÇÃO
SINDICATO NACIONAL DOS EDITORES DE LIVROS, RJ

H537
2 ed.

Hidroginástica : propostas de exercícios para idosos / Regina Simões... [et al.].
- 2 ed. rev.e atual. - São Paulo : Phorte, 2015.
 112 p. : il. ; 24 cm.

 Inclui bibliografia
 ISBN 978-85-7655-496-7

 1. Hidroginástica. 2. Exercícios físicos para idosos. 3. Exercícios físicos aquáticos. 4. Hidroginástica. I. Simões, Regina. II. Título.

14-09747	CDD: 613.716	
	CDU: 613.72	

ph2165.2

Este livro foi avaliado e aprovado pelo Conselho Editorial da Phorte Editora.
(www.phorte.com.br/conselho_editorial.php)

Impresso no Brasil
Printed in Brazil

Apresentação

O crescimento da população idosa é um fenômeno mundial, consequência da redução da taxa de natalidade e da taxa de mortalidade em adultos, do progresso tecnológico e do aumento da expectativa de vida, o que exige que muitos países, inclusive o Brasil, se adaptem a essa nova situação (Veras, 2009).

A maneira como o corpo envelhece não é uma questão matemática, porque depende de fatores complexos que necessitam ser considerados, como os ambientes biológico, psicológico e social nos quais a pessoa idosa vive diariamente. Envelhecer é um processo contínuo de transformações que ocorre pela ação do tempo no percurso da existência, com variações singulares que dependem da individualidade de cada ser humano.

Em geral, as alterações estão relacionadas à diminuição das reservas orgânicas e à mudança na eficiência do desempenho motor, o que compromete as vísceras, a funcionalidade de sistemas, as relações e os convívios. Do ponto de vista orgânico, o envelhecimento restringe a força muscular, a amplitude articular, a capacidade aeróbia e a flexibilidade; aumenta a porcentagem de gordura e implica a redução da capacidade funcional para a realização das Atividades da Vida Diária (AVDs) (Leite et al., 2012).

Esse processo pode prejudicar a autoimagem, o bem-estar, a interação social e o sentimento de capacidade do idoso, possibilitando-lhe a recusa da situação da velhice; a diminuição da vontade, das aspirações e da atenção; o enfraquecimento das lembranças e o apego ao conservadorismo (Ribeiro et al., 2012).

Muitas vezes, a dificuldade de situar-se no mundo e de fazer parte da sociedade, oriunda do sentimento de perda do valor na sociedade e na família, prejudica significativamente o processo de envelhecimento, contribuindo, entre outras questões, para a depressão, o estresse psicológico e a dependência.

Apesar dessas transformações, o envelhecimento pode ser considerado um momento da vida no qual se pode viver com prazer, satisfação, realização pessoal e participação mais madura e produtiva. O sentimento de aceitação do envelhecimento proporciona, para o idoso, uma boa autoestima, bem como confiança e segurança tanto em si mesmo como nos outros (Freitas, Queiroz e Souza, 2010).

Como resultado do aumento do número de indivíduos idosos na sociedade, cresce consideravelmente o volume de pesquisas voltadas a esse grupo, preocupadas em garantir uma velhice com mais qualidade e dignidade. Grande parte dessas investigações vem analisando a importância e os benefícios do exercício físico para esse público, concluindo que se trata de um relevante recurso para minimizar os efeitos degenerativos provocados pelo processo de envelhecimento.

O exercício físico, por tratar-se de movimento corporal que produz um gasto energético, deve ser orientado, planejado, sistematizado e estruturado por um profissional da área da Educação Física, principalmente quando se trata de pessoa idosa.

Paralelamente ao aumento da expectativa de vida, ocorre a expansão das doenças hipocinéticas, decorrentes da falta de movimento corporal, ou seja, da inatividade física, ocasionando o crescimento do sedentarismo, o qual tem como consequência, entre outras patologias, o diabetes, a hipertensão e a obesidade (Alves et al., 2004).

O desenvolvimento de hábitos saudáveis, como boa nutrição e vida ativa, pode diminuir ou amenizar alguns dos declínios relacionados à idade, contribuindo para a melhora da qualidade de vida, a manutenção da saúde, a autonomia de movimentos e a funcionalidade do idoso, pois tem efeitos positivos sobre as funções fisiológicas, cognitivas, sociais e emocionais (Groppo et al., 2012).

A influência do exercício nesse processo pode também reduzir ou atrasar alguns efeitos, como a lentidão e a diminuição das capacidades físicas, quedas e fragilidades presentes na velhice. O exercício também reduz a possibilidade de doenças crônico-degenerativas e dores lombares; resulta em menores riscos de enfermidades respiratórias; amplia a circulação sanguínea; aumenta a força muscular e a flexibilidade; melhora a mobilidade funcional, a autonomia, o equilíbrio, a agilidade e a coordenação;

diminui e/ou controla a pressão arterial; promove a manutenção ou a diminuição da perda de massa muscular; melhora o sistema imunológico e reduz a adiposidade.

Entre as várias opções de exercícios físicos, existem os praticados na água, os quais trazem benefícios aos idosos em razão das vantagens que as propriedades físicas da água propiciam. Essas vantagens estão relacionadas à flutuabilidade, que atua como suporte para as articulações, o que proporciona assistência e resistência ao movimento no meio líquido (Simões, Portes Jr. e Moreira, 2011).

Pode-se perceber as referidas vantagens com a imersão do corpo, pois esta, quanto maior for, menor é o peso hidrostático do indivíduo. Há também a pressão hidrostática, que atinge diretamente os órgãos internos do corpo, aumentando a amplitude muscular, o que facilita os movimentos, sobretudo para pessoas idosas.

Nesse contexto, destacamos a hidroginástica, que, praticada regularmente, gera melhoras nos cincos componentes do condicionamento físico: resistência aeróbia, resistência muscular localizada, força, flexibilidade e composição corporal, além de influenciar positivamente os componentes secundários atingidos pelo processo de envelhecimento, como equilíbrio, agilidade, reflexo e coordenação (Caldas e Cezar, 2001; McArdle, Katch e Katch, 2003).

Estudos realizados por Cerri (2003), Nassar (2004) e Portes Júnior (2003) mostram que a prática da hidroginástica, em especial pelos idosos, realizada até três vezes por semana, diminui o uso de medicamentos; melhora o bem-estar e a autoestima; aumenta a disposição em executar as AVDs; propicia novas experiências e amplia o convívio social; reduz as dores no corpo, principalmente nas articulações do joelho, do tornozelo, da coluna, do quadril e dos ombros; retarda os declínios funcionais, além de contribuir para um bom condicionamento físico.

Um programa de hidroginástica para idosos deve priorizar movimentos relacionados às AVDs, pois estes são essenciais para garantir a autonomia e a independência do idoso em seu cotidiano. O profissional/professor que atua nesse contexto deve também se preocupar em estimular o uso dos grandes grupos musculares e das articulações, uma vez que a prática regular dessa modalidade faz as articulações se tornarem mais flexíveis e terem maior amplitude na realização dos movimentos, bem como confere maior força aos músculos, propiciando aos idosos mais eficiência dos movimentos (Santos et al., 2013).

Em suas aulas, o profissional/professor também deve enfatizar a intensidade do movimento de forma prazerosa, especialmente por meio da musicalidade, que traz ao idoso um estímulo na realização dos exercícios. Sugerimos que o repertório musical priorize canções que estiveram presentes na história de vida do idoso, pois isso, provavelmente, contribui para estimular a memória vivenciada, proporcionando aspectos positivos ao processo de envelhecimento psicológico.

É preciso que o profissional/professor em atividades aquáticas tenha conhecimento das quatro posições básicas para a prática da hidroginástica: "rebote", "neutra", "em suspensão" e "ancorada". Essas posições podem ser aplicadas a todos os idosos, e o profissional/professor deve estimular sempre a sustentação do corpo no meio aquático, propiciando ao praticante um domínio na água, com ou sem a utilização de materiais.

A posição chamada de "rebote" caracteriza-se por saltos, corridas, caminhadas, elevação de joelhos e pernas, giros, deslocamentos e locomoções do corpo na posição vertical. A posição "neutra" são os movimentos em que os ombros devem permanecer dentro da água com o apoio dos pés no solo da piscina. Uma variação que pode ser realizada é a transição da posição "rebote" para a posição "em suspensão", com os ombros sempre permanecendo dentro da água.

O idoso deve utilizar uma força concentrada com os músculos abdominais (o que chamamos de centro de estabilidade) e transferi-la para o centro de gravidade, encontrando um equilíbrio para a realização do exercício no meio aquático. Caso necessário, é aconselhado ao idoso que utilize o apoio de algum material flutuante ou o auxílio de uma barra de aço instalada na borda da piscina.

Na terceira posição, chamada "em suspensão", como o próprio nome indica, o corpo deve estar em flutuação, sem o apoio dos pés no solo. Nessa fase, o professor pode utilizar exercícios variados, pois, com o auxílio da flutuação, o idoso tem uma maior facilidade de realizar exercícios abdominais. Caso ele não tenha domínio aquático, aconselha-se o auxílio do profissional/ professor ou de uma barra. Para aqueles que têm maior domínio do corpo no meio aquático, com uma boa sustentação, sugerimos a utilização dessa posição com um par de tornozeleiras, para o aumento da força no movimento executado.

Na quarta posição, chamada de "ancorada", todos os movimentos utilizados são feitos com o apoio de apenas uma das pernas no fundo da piscina. Nesse caso, os profissionais/ professores podem utilizar a criatividade na elaboração e execução dos movimentos. Para tanto, sugerimos o uso dos seguintes materiais: luvas, halteres e aparelhos flutuantes para ajudar no equilíbrio do corpo na água. Com base em nossa experiência, percebemos que os movimentos na posição "ancorada" são os que os alunos mais gostam de realizar dentro da água.

A água propicia um relaxamento para o corpo, e nas propostas práticas de movimentos corporais no meio aquático, é relevante que o profissional/professor incentive os idosos a trabalhar com a resistência da água, por meio da propulsão realizada pelas mãos ou pelas pernas, de materiais flutuantes ou de atividades recreativas.

A hidroginástica voltada à população idosa tem sido de grande importância não apenas na prevenção de patologias, quedas ou outros problemas de saúde, mas também no estímulo à sociabilidade. A prática é adequada para aqueles que apresentam dificuldades motoras, excesso de peso, pouca movimentação e dores musculares, e os resultados quase imediatos percebidos pelos participantes das aulas de hidroginástica proporcionam ânimo e incentivo para a permanência nessa proposta.

Com base nessas considerações, e por acreditarmos no potencial e na importância dos exercícios na água para o grupo dos idosos, é que fomos motivados a escrever este livro, fruto de um trabalho coletivo de profissionais/professores de Educação Física que vêm estudando o processo de envelhecimento e vivendo experiências com essa população.

A ideia de escrever sobre propostas de exercícios no meio aquático para idosos foi concretizada após inúmeros encontros e discussões, tendo como objetivo gerar um material que pudesse ser útil para os profissionais/professores que atuam ou pretendem atuar com essa temática, proporcionando diversidade às aulas.

Os exercícios apresentados têm como pano de fundo o entendimento de que o idoso já não tem os gestos perfeitos, padronizados pela sociedade, mas é um ser capaz e com potencial para participar de diferentes propostas de exercícios físicos.

É necessário romper com o paradigma da seleção dos mais aptos, da perfeição, do padrão mecanizado e da elitização, tão presente em algumas ações, em especial, na área da Educação Física.

Vivenciar experiências motoras que contribuam para a autonomia e o aumento da autoestima, fomentem relacionamentos com o outro, despertem a criatividade e tragam a perspectiva de uma vida de melhor qualidade é o princípio norteador deste livro.

Outro aspecto importante é que, no processo de elaboração das propostas, procuramos expor exercícios fundamentados em nossa experiência, apresentando variabilidade de ações motoras, sem a preocupação de ineditismo. Dessa forma, optamos por adaptar os exercícios a materiais já existentes e de fácil acesso. Nosso intuito foi descrever exercícios que consideramos adequados e bem aceitos pelos praticantes. Por essa razão, estruturamos a apresentação com a descrição dos exercícios e suas possíveis variações, além de cuidados e observações importantes, deixando ao profissional/professor a possibilidade de alterar as atividades de acordo com sua criatividade ou necessidade.

Entendemos que a hidroginástica tem como forte característica a versatilidade e a quantidade de movimentos e formas que podem ser adotados nas aulas.

O livro é dividido em três capítulos. O primeiro, denominado *Exercícios sem material*, é composto por propostas que podem ser utilizadas de diferentes maneiras e executadas somente para os membros inferiores ou superiores, ou enfatizando a combinação destes. Neste capítulo, enfatizamos movimentos aquáticos em que os idosos podem trabalhar tanto individualmente como em duplas, uma estratégia que o profissional/professor pode adotar em suas aulas como variação dos movimentos a serem utilizados.

O segundo capítulo, intitulado *Exercícios com material*, apresenta propostas que visam também aos grandes grupos musculares, mediante o uso de espaguetes, halteres, bolas, tornozeleiras e luvas. Os equipamentos plásticos ou emborrachados utilizados nas aulas de hidroginástica servem para aumentar a superfície de contato, a resistência frontal e a amplitude do movimento em maior tempo de força, e os equipamentos flutuantes servem para ampliar a intensidade dos exercícios e criar uma resistência contra o empuxo.

Por sua vez, o terceiro capítulo, denominado *Exercícios de socialização e descontração*, caracteriza-se por propostas que propiciam o entrosamento dos praticantes, muitas vezes possibilitando o contato entre eles, trabalhando, desse modo, além dos componentes motores, os componentes psicológicos e sociais, tão importantes a esses indivíduos. Neste capítulo, propomos atividades que o profissional/professor pode utilizar nas suas aulas como momento de interação entre os participantes, mas sem deixar que o fator intensidade se perca durante a execução dos movimentos.

Com base em nossa experiência com aulas de hidroginástica, percebemos que os idosos têm expectativas com relação a esse momento da aula, pois, nessa parte, eles passam a se conhecer, dialogar e vivenciar experiências comuns do processo de envelhecimento.

Vale lembrar que, para beneficiar-se das aulas de hidroginástica, não é necessário que as pessoas saibam nadar: o que é preciso, antes, é perseverar no trabalho no meio aquático. Assim, sugerimos, por meio da leitura desta obra, um mergulho nas mais variadas formas de movimentar o corpo do idoso dentro do meio líquido.

Os autores

Prefácio

Este livro não é mais um manual de atividades igual a tantos outros que são encontrados no mercado. Os pressupostos, o processo de produção e o resultado final são diferentes, fato que o leitor só poderá perceber ao consultá-lo para o desenvolvimento das atividades propostas.

Trata-se de um livro produzido por uma equipe que pertence a um grupo de pesquisa, o NUCORPO - Núcleo de Estudos e Pesquisas em Corporeidade e Pedagogia do Movimento, da UNIMEP/CNPq. Isso significa que as atividades propostas estão fundamentadas em teoria e pesquisa desenvolvidas por um grupo de pesquisadores, em intercâmbio com outros grupos de pesquisa, e não em meras atividades calcadas em "praticismos".

A equipe que elaborou o livro possui vasta experiência na área, o que significa que as atividades discutidas em grupo, antes de serem colocadas aqui, passaram pelo crivo de sua vivência profissional e fazem parte de seu repertório de atividades.

É essa a ideia que queremos reforçar com o livro que ora prefaciamos. Não se trata de um manual ou uma simples listagem de atividades. Aqui, o processo e o produto são diferenciados a partir do momento em que um grupo decide se reunir com uma motivação comum: aprimorar a prática da hidroginástica para idosos e dividir suas experiências por meio de um processo de reflexão coletiva feito durante várias reuniões. É o trabalho de um grupo que já compartilhava os mesmos objetivos quanto à atividade, à fase da vida em questão e à elaboração e apresentação para a comunidade da área.

Esta é uma obra que pretende diferenciar-se do que se encontra tradicionalmente. Nessa empreitada, os autores só se lançaram a descrever as atividades quando tiveram uma ideia clara do livro, seu formato, o tipo de linguagem a utilizar, a quem se dirigir e de que forma fazê-lo. Sua preocupação maior foi no sentido de não fornecer apenas um rol de atividades agrupadas por quaisquer critérios, tais como equipamento, conceito etc.

Aí está o grande diferencial: o livro, a nosso ver, caracteriza-se como um Repertório de Atividades, pois elas são apresentadas com base nos itens *Material*, *Descrição da Atividade* (disposição e desenvolvimento), *Possibilidades de Variação* e *Cuidados e Observações*. Somam-se a esses itens as observações iniciais, colocadas nas excelentes "Apresentação" e "Considerações sobre os exercícios propostos". Estas chamam a atenção para a necessidade da interpretação de cada atividade com base na experiência pessoal e profissional de cada um nessa área, e com base também na teoria, confrontada na ação do cotidiano e acompanhada constantemente do necessário exercício de reflexão.

Nesse sentido, o livro nos estimula a rever o nosso próprio Repertório de Atividades e, baseados nele, criarmos novos exercícios. Dessa forma, nós, educadores, somos brindados com um ótimo material para aplicação no atendimento a uma fase da vida que vem demandando cada vez mais as atividades físico-esportivas.

Os leitores têm em mãos uma ótima fonte de consulta.

Nelson Carvalho Marcellino
Livre-docente em Estudos do Lazer - Educação Física pela
Universidade Estadual de Campinas (Unicamp)

Sumário

Considerações sobre os exercícios propostos **17**

Capítulo 1 — Exercícios sem material **21**
Exercício nº 1 23
Exercício nº 2 24
Exercício nº 3 25
Exercício nº 4 26
Exercício nº 5 27
Exercício nº 6 28
Exercício nº 7 29
Exercício nº 8 30
Exercício nº 9 32
Exercício nº 10 33
Exercício nº 11 34
Exercício nº 12 35

Capítulo 2 — Exercícios com material **37**
Exercício nº 1 39
Exercício nº 2 41
Exercício nº 3 42
Exercício nº 4 43
Exercício nº 5 44
Exercício nº 6 45
Exercício nº 7 46
Exercício nº 8 47
Exercício nº 9 49
Exercício nº 10 51
Exercício nº 11 53
Exercício nº 12 54
Exercício nº 13 56
Exercício nº 14 58
Exercício nº 15 59
Exercício nº 16 60
Exercício nº 17 62
Exercício nº 18 63
Exercício nº 19 64
Exercício nº 20 66

Exercício nº 21 68
Exercício nº 22 69
Exercício nº 23 70
Exercício nº 24 72
Exercício nº 25 73
Exercício nº 26 75
Exercício nº 27 76
Exercício nº 28 78
Exercício nº 29 80
Exercício nº 30 81

Capítulo 3 — Exercícios de socialização e descontração .. 83

Exercício nº 1 85
Exercício nº 2 86
Exercício nº 3 87
Exercício nº 4 88
Exercício nº 5 89
Exercício nº 6 90
Exercício nº 7 91
Exercício nº 8 92
Exercício nº 9 93
Exercício nº 10 94
Exercício nº 11 95
Exercício nº 12 96
Exercício nº 13 97
Exercício nº 14 98
Exercício nº 15 99
Exercício nº 16 100
Exercício nº 17 101
Exercício nº 18 102
Exercício nº 19 103
Exercício nº 20 104
Exercício nº 21 105
Exercício nº 22 106

Bibliografia 107

Considerações sobre os exercícios propostos

Na programação das aulas, alguns aspectos devem ser considerados, conforme descritos a seguir:

1. Aspectos Motores e Articulares – respeitar a individualidade e a restrição nos movimentos em relação à limitação física do idoso. Mesmo considerando que possa existir uma homogeneidade no grupo, lembramos que todos os exercícios propostos neste livro podem ser adaptados ao nível de habilidade aquática de cada idoso.

2. Frequência Cardíaca (FC) – é uma importante variável a ser considerada para determinar a intensidade da realização dos exercícios pelos idosos. Caso não haja condições de um monitoramento mais direto, pela escassez de material ou por dificuldades na aferição manual, a avaliação da intensidade pode ser feita por meio da observação subjetiva de sinais apresentados durante a execução, tais como: respiração, cor da pele e eficácia motora.

3. Coordenação dos Movimentos – muitos idosos apresentam dificuldades de coordenação de movimentos, provavelmente em razão da falta de experiências motoras favoráveis à formação de um repertório motor que facilite a compreensão e a execução de certos gestos. Verifica-se também que, com o aumento da idade, há alterações nos músculos esqueléticos, explicadas pela diminuição do número e do tamanho das fibras musculares, bem como por uma redução gradativa da força muscular e, portanto, do desempenho neuromotor. Em caso de dificuldade na coordenação de movimentos,

orientar o aluno a executá-los em partes separadas, para melhor assimilação.

Nas propostas semanais das aulas de hidroginástica, sugerimos que o profissional/professor procure elaborar movimentos combinados, que proporcionem a coordenação motora grossa, sempre lembrando que ele é o responsável por facilitar a aprendizagem do aluno, e não por complicá-la. Dessa forma, é preciso criar movimentos e rotinas que permitam a execução dos movimentos.

4. Estímulo de Experiências Cotidianas – é relevante estimular a reprodução dos movimentos realizados, por exemplo, no cotidiano, nas tarefas domésticas e nas atividades sociais do idoso, para que ele se sinta inserido no processo e com suas experiências e vivências respeitadas.

5. Utilização de Materiais – a realização de exercícios com materiais aumenta a intensidade e a resistência ao movimento, em razão da força de empuxo que a água exerce. Dessa forma, o profissional/professor deve estar atento à posição em que será utilizado o material flutuante, pois quanto maior a área de superfície do objeto, maior a força a ser aplicada pelo praticante. É preciso observar também a segurança no uso do material, especialmente em casos de idosos que não sabem nadar ou apresentam alguma limitação de movimento. Nesses casos, é aconselhável iniciar o movimento próximo à borda e em profundidade mais rasa.

6. Execução do Exercício – durante as aulas, os exercícios podem ser realizados por tempo de execução, respeitando a capacidade e o limite de cada um. O idoso não tem modelos preestabelecidos ou definidos fora de seus padrões, mas executa os exercícios na intensidade mais adequada às suas condições físicas.

Outra opção é executar os exercícios por número de repetições (aproximadamente entre 20 e 30). É relevante lembrar que, para o idoso obter os benefícios no meio aquático, é necessária a aplicação de uma força maior que a realizada fora da água, pois esta é mais densa que o ar.

7. Intensidade – de acordo com a execução dos exercícios, a intensidade é considerada variável, e ela será tanto maior quanto maior for a amplitude.

Para aumento da intensidade, o profissional/professor deve ampliar a carga, ou seja, o tamanho do material flutuante, o número de execuções, a velocidade (ritmo) e a amplitude do movimento, e, por fim, diminuir os intervalos entre uma série e outra.

8. Postura – os movimentos na posição em pé devem ser realizados com apoio dos pés inteiros no chão da piscina. Os exercícios que exigem sustentação devem ser executados com abdômen contraído, para melhor posicionamento da coluna e para que haja um equilíbrio entre o centro de gravidade e de flutuação.

9. Equilíbrio entre Membros – quando o exercício indicar a realização com um dos braços ou uma das pernas, deve-se executar a mesma quantidade de repetições com a outra perna ou o outro braço. Se a repetição do exercício for por tempo, solicitar ao idoso que determine um ritmo, de tal forma que consiga efetuar, o mais próximo possível, de repetições com cada um dos membros solicitados para o exercício.

10. Utilização de Música – o uso de música é bem aceito pelos idosos, porém é preciso considerar o volume, para que este não seja agressivo ou perturbador, e também o ritmo, que deve ser compatível com a execução dos movimentos.

Além desses itens, nossa preocupação foi oferecer sugestões de exercícios com diferentes indicações de execução. Desse modo, uma única proposta é apresentada para as pernas e para os braços, a qual pode ser realizada isoladamente ou de forma combinada.

Nessa lógica, ao aplicar determinado exercício, o profissional/professor, seguindo a proposta do livro, pode realizar apenas os movimentos de pernas: ensinar, repetir e aumentar a intensidade. Após isso, apenas os movimentos de braços, também ensinando, repetindo e aumentando a intensidade. Subsequentemente, combinar os exercícios dos dois segmentos, ampliando o trabalho coordenativo e, ao mesmo tempo, a intensidade de execução.

Nas propostas apresentadas, também aparecem variações e combinações de materiais, os quais podem ser trocados no mesmo exercício sugerido (por exemplo: de halteres para luvas; de bolas para halteres de ferro; de halteres de plástico para halteres de ferro ou flutuantes, entre outros). Pode-se alterar a trajetória de deslocamento, adaptar o exercício para a realização em duplas ou por pequenos grupos e, até mesmo, em forma de atividade recreativa.

Dessa forma, um mesmo exercício pode ocupar o tempo de uma aula inteira por meio das estratégias de fracionamento, combinação, mudança de materiais ou da intensidade de execução.

Capítulo 1
Exercícios sem material

Exercício nº 1

DESCRIÇÃO DA ATIVIDADE

Desenvolvimento:

Chutar a perna direita para a frente. Em seguida, flexionar a perna esquerda para trás, em direção ao glúteo (Fotos 1 e 2).

Foto 1

Foto 2

Exercício nº 2

DESCRIÇÃO DA ATIVIDADE

Desenvolvimento:

Elevar a perna direita estendida na lateral. Em seguida, flexionar a perna esquerda para trás, em direção ao glúteo (Fotos 3 e 4).

Foto 3

Foto 4

Exercício nº 3

DESCRIÇÃO DA ATIVIDADE

Desenvolvimento:

Elevar a perna direita estendida para a frente. Em seguida, elevar a perna esquerda estendida na lateral (Fotos 5 e 6).

Realizar o toque da mão no pé direito e, em seguida, no pé esquerdo.

Foto 5

Foto 6

Exercício nº 4

DESCRIÇÃO DA ATIVIDADE

Desenvolvimento:

Elevar a perna direita estendida para a frente. Em seguida, elevar a perna esquerda flexionada para a frente (Fotos 7 e 8).

Tocar a mão esquerda na ponta do pé direito e a mão direita na ponta do pé esquerdo, cruzando os braços à frente do corpo.

Foto 7

Foto 8

Exercício nº 5

Descrição da atividade

Desenvolvimento:

Elevar a perna direita estendida para a frente. Em seguida, efetuar um movimento de flexão da perna esquerda em direção ao glúteo.

Combinar os braços flexionados, ao lado do corpo, com as palmas das mãos, na superfície da água, voltadas para baixo, empurrando a água para baixo e para cima (Fotos 9 e 10).

Foto 9

Foto 10

Exercício nº 6

DESCRIÇÃO DA ATIVIDADE

Desenvolvimento:

Elevar a perna esquerda flexionada para a frente. Em seguida, efetuar a flexão da perna direita em direção ao glúteo (Fotos 11 e 12).

Realizar o movimento de abrir e fechar os braços, empurrando a água.

Foto 11

Foto 12

Exercício nº 7

Descrição da atividade

Disposição:

Pernas unidas, com braços paralelos ao solo, estendidos à frente e palmas das mãos para cima (Foto 13).

Desenvolvimento:

Deslizar a perna direita para trás; voltar e deslizar a perna esquerda para a lateral e voltar (Fotos 14 e 15).

Associar o movimento de empurrar a água para trás, com as palmas das mãos para baixo. Voltar os braços, empurrando a água com as palmas das mãos voltadas para cima. Em seguida, afastar os braços com as palmas das mãos voltadas para fora e unir com as palmas das mãos voltadas para dentro.

Cuidados e observações
- Manter a posição das mãos nos movimentos de "puxar e empurrar".

Foto 13

Foto 14

Foto 15

Exercício nº 8

DESCRIÇÃO DA ATIVIDADE

Disposição:

Em duplas, em pé, frente a frente, com as mãos dadas, numerados em um e dois (Foto 16).

Desenvolvimento:

Saltitar pela piscina, ora para a direita, ora para a esquerda, alternadamente. O profissional diz um dos números e os idosos devem realizar o seguinte movimento: segurar na cintura do número indicado e deslocar-se pela piscina em propulsão de perna na posição de flutuação ventral (Fotos 17 e 18).

Possibilidades de variação
- Dividir os participantes em grupos de três e realizar a atividade da mesma forma proposta, sendo que dois dos idosos devem deslocar-se pela piscina em propulsão de perna.

Cuidados e observações
- Durante o deslocamento em propulsão de perna, o apoio deve ser feito pela cintura, e não pelos ombros.
- Sugerimos a propulsão de pernas do nado *crawl* em, aproximadamente, 20 segundos.

Exercícios sem material

Foto 16

Foto 17

Foto 18

Exercício nº 9

DESCRIÇÃO DA ATIVIDADE

Disposição:

Em duplas, frente a frente, em pé, com as pernas afastadas e estendidas e mãos dadas.

Desenvolvimento:

Um dos integrantes da dupla dá sustentação para o outro que está em posição neutra dentro da piscina, ou seja, com os ombros dentro da água. Este deve, por oito vezes, elevar as pernas afastadas, tentando lançar água para fora da piscina. Depois, faz-se a troca de posição para que o outro idoso realize o exercício (Fotos 19 e 20).

Possibilidades de variação
- Durante a realização do exercício, o idoso que estiver dando apoio deve realizar o movimento de corrida estacionária.
- Pode-se, também, utilizar o movimento de afastar e unir as pernas estendidas.

Foto 19

Foto 20

Exercício nº 10

DESCRIÇÃO DA ATIVIDADE

Disposição:

Em duplas, de mãos dadas, um dos idosos em pé e o outro em flutuação (pernas unidas e joelhos elevados).

Desenvolvimento:

Andar pela piscina, transportando o colega. O que está em flutuação deve iniciar o movimento de pedalar com os pés, sem deixar as pernas tocarem o chão da piscina. O que está se deslocando pela piscina deve acelerar o movimento para que o colega não coloque os pés no chão. Quando isso acontecer, deve-se trocar de posição (Fotos 21 e 22).

Possibilidades de variação
- Realizar o transporte com o auxílio de um espaguete.
- Transportar dois idosos com o auxílio do espaguete.

Cuidados e observações
- Alertar o idoso que está transportando o colega para que acelere no deslocamento, a fim de facilitar o transporte.

Foto 21

Foto 22

Exercício nº 11

Descrição da atividade

Disposição:

Sentado na água, com os pés apoiados no chão da piscina e sem o apoio das mãos (Foto 23).

Desenvolvimento:

Realizar o movimento de um "chicote" com as pernas unidas, jogando água para fora da piscina (Foto 24).

Possibilidades de variação
- Realizar o movimento com as pernas afastadas.

Cuidados e observações
- Utilizar o auxílio de espaguetes ou pranchas para os idosos que não conseguem nadar.

Foto 23

Foto 24

Exercício nº 12

DESCRIÇÃO DA ATIVIDADE

Disposição:

De frente, segurando na borda da piscina, com os pés unidos e apoiados na parede (Foto 25).

Desenvolvimento:

Desenhar um coração na parede com a ponta dos pés (Fotos 26 e 27).

Possibilidades de variação
- Realizar o movimento de baixo para cima.

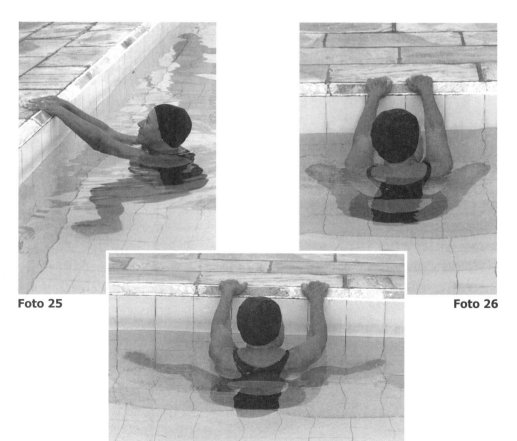

Foto 25   Foto 26

Foto 27

Capítulo 2
Exercícios com material

Exercício nº 1

MATERIAL
Espaguete.

DESCRIÇÃO DA ATIVIDADE

Disposição:

Pernas unidas com o espaguete ao redor da cintura, com as pontas unidas (Foto 28).

Desenvolvimento:

Afastar e unir as pernas, saltitando e, ao mesmo tempo, afastando as pontas do espaguete (Foto 29).

Possibilidades de variação

- Os movimentos de braços podem ser realizados segurando o espaguete à frente do corpo, na linha do ombro, com as mãos paralelas, executando a flexão e a extensão dos braços, e empurrando a água (Fotos 30 e 31).

Cuidados e observações

- Nessa atividade, o idoso deve realizar o movimento dos membros superiores dentro da água.

Foto 28

Foto 29

Foto 30

Foto 31

Exercício nº 2

MATERIAL
Espaguete.

DESCRIÇÃO DA ATIVIDADE

Disposição:
Sentado, em flutuação, com o espaguete ao redor da cintura como apoio.

Desenvolvimento:
Realizar o movimento de pedalar (Fotos 32 e 33).

Possibilidades de variação
- Realizar o movimento de flexão e extensão das pernas unidas em direção ao solo (Foto 34).

Cuidados e observações
- Nessa atividade, o idoso pode realizar o movimento com o espaguete entre as pernas (cavalinho). O importante é executar o movimento como se estivesse sentado em uma cadeira, com a coluna ereta.

Foto 32

Foto 33

Foto 34

Exercício nº 3

MATERIAL
Espaguete.

DESCRIÇÃO DA ATIVIDADE
Disposição:
Em flutuação dorsal, com o espaguete nas costas.

Desenvolvimento:
Realizar o movimento para a frente, com flexão e extensão das pernas unidas e estendidas (Fotos 35 e 36).

Possibilidades de variação
- Realizar o movimento com as pernas alternadas, projetando os joelhos para a lateral (Fotos 37 e 38).

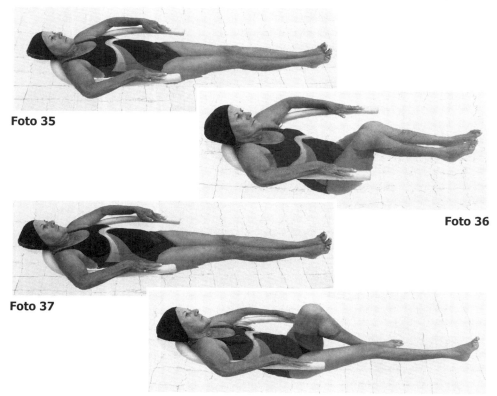

Foto 35

Foto 36

Foto 37

Foto 38

Exercício nº 4

MATERIAL
Espaguete.

DESCRIÇÃO DA ATIVIDADE
Desenvolvimento:
Correr pela piscina, segurando o espaguete. Ao sinal do profissional, o idoso realiza o movimento de elevação de pernas com os joelhos afastados e os pés unidos (rãzinha) (Fotos 39 e 40).

Possibilidades de variação
- Realizar um salto com o movimento de afastar e unir as pernas e, ao mesmo tempo, empurrar o espaguete em direção ao solo, com flexão e extensão dos braços (Foto 41).

Foto 39   Foto 40

Foto 41

Exercício nº 5

MATERIAL
Espaguete.

DESCRIÇÃO DA ATIVIDADE
Desenvolvimento:

Correr pela piscina, segurando o espaguete e realizando flexão e extensão dos braços na superfície da água para a frente e para trás (empurrar a água). Ao sinal do profissional, realizar um salto e, no ponto mais alto, elevar as pernas flexionadas, simultaneamente, com a extensão total dos braços sobre a cabeça (Fotos 42 e 43).

Possibilidades de variação
- Durante o movimento da corrida, segurar os espaguetes com as pontas unidas e realizar movimentos circulares de grande amplitude (Foto 44).

Foto 42

Foto 44

Foto 43

Exercício nº 6

MATERIAL
Espaguete.

DESCRIÇÃO DA ATIVIDADE
Disposição:
Em duplas, um na frente e outro atrás segurando o espaguete.

Desenvolvimento:
Um dos idosos desloca-se para a frente, enquanto o outro é transportado com os joelhos elevados (Fotos 45 e 46).

Possibilidades de variação
- Variar os deslocamentos de quem transporta.
- Quem for transportado, realizar diferentes movimentos com as pernas (unir e afastar, estender e flexionar).

Foto 45

Foto 46

Exercício nº 7

MATERIAL
Espaguete.

DESCRIÇÃO DA ATIVIDADE
Disposição:
Colocar um espaguete em torno das costas e flutuar na posição dorsal (Foto 47).

Desenvolvimento:
Trazer os joelhos alternados em direção ao abdômen (Foto 48).

Possibilidades de variação
- Durante a execução da atividade, o idoso deve mostrar o joelho acima da superfície da água.

Foto 47

Foto 48

Exercício nº 8

MATERIAL
Espaguete.

DESCRIÇÃO DA ATIVIDADE
Disposição:

Com o espaguete nas costas, em flutuação na posição dorsal.

Desenvolvimento:

Executar o movimento com os joelhos flexionados em direção ao abdômen e cair ora para o lado direito, ora para o esquerdo (Fotos 49, 50 e 51).

Possibilidades de variação
- Realizar o movimento sem o auxílio de material, com as mãos em movimento de palmateio, ou seja, palmas das mãos voltadas para baixo, desenhando círculos pequenos.

Cuidados e observações
- Aplicar esse exercício para idosos que tenham maiores habilidades em sustentação do corpo no meio líquido.

Foto 49

Foto 50

Foto 51

Exercício nº 9

MATERIAL
Halteres.

DESCRIÇÃO DA ATIVIDADE

Disposição:

Em duplas, um na posição em pé, sustentando o outro, que está deitado em flutuação dorsal (Foto 52).

Desenvolvimento:

O idoso em flutuação deve realizar o movimento de um abdominal, ou seja, trazer os joelhos flexionados em direção ao peito e estendê-los novamente. Depois de determinado tempo, trocar de posição (Foto 53).

Possibilidades de variação

Variações no movimento dos exercícios abdominais:

- Trazer os joelhos flexionados, com os pés unidos (Foto 54).
- Trazer os joelhos flexionados e unidos em direção aos ombros, ora para o lado direito, ora para o esquerdo (Fotos 55 e 56).
- Joelhos flexionados e unidos para cair para a direita; em seguida, transferir para o outro lado, sem realizar a extensão das pernas.
- Igual ao anterior, acrescentando o movimento de extensão das pernas.

Hidroginástica: propostas de exercícios para idosos

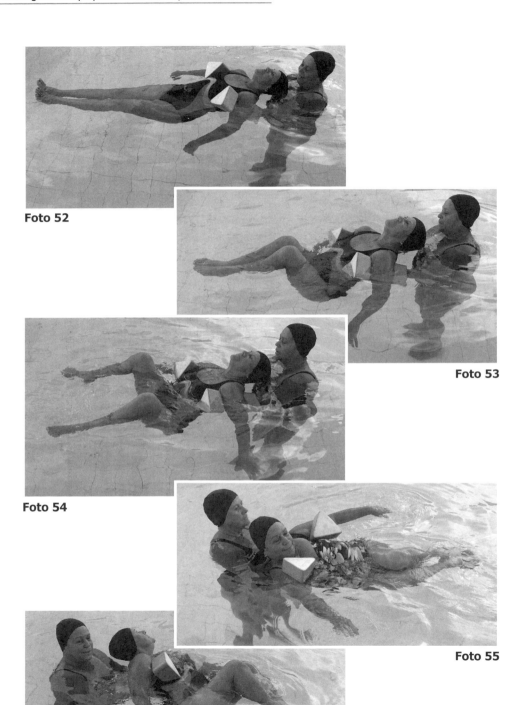

Foto 52

Foto 53

Foto 54

Foto 55

Foto 56

Exercício nº 10

MATERIAL
Halteres grandes.

DESCRIÇÃO DA ATIVIDADE
Disposição:

Em duplas, lado a lado, na posição em pé, com mãos internas dadas, e a outra segurando um halter na posição vertical (Foto 57).

Desenvolvimento:

Elevar o joelho externo para a frente e, em seguida, estender a perna para trás. Durante o movimento de pernas, levar o braço para a frente e para trás, com o halter na posição vertical. Depois de determinado tempo, trocar de lado, de braço e de pernas (Fotos 58 e 59).

Possibilidades de variação

Variações no movimento do braço com os halteres:
- para baixo e para cima (Foto 60);
- para a lateral e retorna em baixo das axilas;
- com a palma da mão voltada para cima, flexão e extensão dos cotovelos;
- movimento circular para dentro e para fora.

Cuidados e observações
- Manter o apoio dos pés inteiros durante o exercício, pois o movimento é realizado em apoio de um pé no chão da piscina.

Foto 57

Foto 58

Foto 59

Foto 60

Exercício nº 11

MATERIAL
Halteres.

DESCRIÇÃO DA ATIVIDADE

Disposição:

De lado, com o apoio de uma das mãos na borda da piscina e a outra mão com o apoio de um halter (braços abertos em cruz), com os joelhos em suspensão (Foto 61).

Desenvolvimento:

Empurrar as pernas em direção à mão que segura a borda e retorná-las em direção ao halter (Foto 62). Caso a piscina tenha uma barra, utilizá-la.

Possibilidades de variação
- Realizar o movimento sem o auxílio das mãos na borda e utilizando dois halteres.

Cuidados e observações
- Exercício para idosos que tenham maior habilidade com o meio aquático.

Foto 61

Foto 62

Exercício nº 12

MATERIAL
Halteres.

DESCRIÇÃO DA ATIVIDADE
Disposição:

Pernas estendidas e unidas, com os braços flexionados na linha do ombro, segurando os halteres com as palmas das mãos voltadas para baixo.

Desenvolvimento:

Flexionar a perna direita e, simultaneamente, deslizar a perna esquerda estendida para trás (Foto 63). Em seguida, unir as pernas, inverter o movimento, afastar e voltar à posição inicial (Foto 64).

Unir os cotovelos em direção ao abdômen, fazendo que os halteres afundem, se encontrem e voltem à posição inicial.

Cuidados e observações
- Nessa atividade, o idoso deve realizar o movimento com os ombros na altura da superfície da água.
- O profissional deve chamar a atenção do idoso para o fato de que o movimento de deslizamento é para trás, e não para a frente.

Exercícios com material

Foto 63

Foto 64

Exercício nº 13

MATERIAL
Halteres.

DESCRIÇÃO DA ATIVIDADE

Disposição:

Avançar a perna direita apoiada à frente e a perna esquerda estendida para trás (Foto 65). Na sequência, realizar a troca das pernas com o saltito. Em seguida, executar o mesmo movimento sem tocar o chão da piscina (Foto 66).

Desenvolvimento:

Acrescentar braços flexionados com a palma das mãos voltadas para dentro, segurando os halteres, e realizar o movimento de unir e afastar os braços à frente do corpo, enquanto estiver saltitando. Para o movimento em flutuação, os halteres permanecem na superfície da água (Foto 67).

Cuidados e observações

- Nessa atividade, o idoso deve realizar o movimento com as mãos dentro da água, segurando os halteres na vertical.
- Para a execução desse exercício, utilizar, preferencialmente, halteres de espuma, para melhor sustentação à flutuação.

Exercícios com material

Foto 65

Foto 66

Foto 67

Exercício nº 14

MATERIAL
    Halteres.

DESCRIÇÃO DA ATIVIDADE
Disposição:
    Em flutuação ventral, com as pernas estendidas e unidas, segurando os halteres na altura do peito, executar o movimento amplo da pernada do nado *crawl* (Foto 68).

Desenvolvimento:
    Agregar o movimento de estender e flexionar os braços em direção ao fundo da piscina, segurando os halteres horizontalmente na altura do peito (Foto 69).

Cuidados e observações
- Nessa atividade, sugerimos o uso de halteres grandes (flutuadores).
- Caso algum idoso se sinta inseguro com o exercício por causa da flutuação, apoiar as mãos na borda ou na barra de segurança, ou ficar em pé para o exercício de braço.

Foto 68

Foto 69

Exercício nº 15

MATERIAL
Halteres.

DESCRIÇÃO DA ATIVIDADE
Disposição:

Afastar os braços com os halteres na linha do ombro. Flexionar os joelhos e direcionar ora para a esquerda, ora para o centro e ora para a direita (Fotos 70, 71 e 72).

Cuidados e observações
- Os halteres devem permanecer dentro da água.

Foto 70

Foto 71

Foto 72

Exercício nº 16

MATERIAL
Halteres.

DESCRIÇÃO DA ATIVIDADE
Disposição:

Em pé, com as pernas unidas e estendidas, com os braços ao longo do corpo, segurando um halter em cada mão (Foto 73).

Desenvolvimento:

Elevar os joelhos alternadamente, com os braços estendidos na lateral, segurando os halteres na posição vertical.

Combinar a flexão e a extensão dos braços na direção do peito.

Possibilidades de variação
- Elevar os dois joelhos em direção ao peito e, simultaneamente, abraçá-los com os halteres (Fotos 74 e 75).
- Elevar os joelhos alternadamente (Foto 76).

Cuidados e observações
- Os halteres devem permanecer dentro da água.

Foto 73

Exercícios com material

Foto 74

Foto 75

Foto 76

61

Exercício nº 17

Material
Halteres.

Descrição da atividade
Desenvolvimento:
Afastar e unir as pernas estendidas, deslizando os pés inteiros no chão da piscina, com os braços estendidos à frente, segurando os halteres na linha dos ombros (Fotos 77 e 78).

Cuidados e observações
- Nessa atividade, o idoso não deve elevar o ombro e projetar o tronco para a frente, como também não deve saltitar.

Foto 77

Foto 78

Exercício nº 18

MATERIAL
Halteres.

DESCRIÇÃO DA ATIVIDADE

Disposição:
Pernas unidas e estendidas, com os halteres sob as axilas.

Desenvolvimento:
Elevar o joelho direito flexionado à frente. Em seguida, estender chutando a mesma perna, jogando água para fora e, simultaneamente, trocar de perna, recomeçando o exercício (Fotos 79 e 80).
Adicionar a extensão dos braços em direção ao chão da piscina.

Possibilidades de variação
- Realizar a elevação do joelho na diagonal.
- Estender os braços à frente.
- Alternar para os pés, a dorsoflexão ou a flexão plantar.

Foto 79

Foto 80

Exercício nº 19

MATERIAL
Halteres.

DESCRIÇÃO DA ATIVIDADE
Disposição:

Pernas em afastamento anteroposterior, com os braços estendidos na lateral, segurando os halteres.

Desenvolvimento:

Elevar um joelho à frente, com inclinação do tronco para trás. Voltar e elevar a outra perna estendida para trás, com inclinação do tronco para a frente, realizando o movimento de pêndulo (Fotos 81, 82 e 83).

Associar o movimento de braços ao encontro do peito, ao inclinar o tronco para trás, e afastar os braços da lateral quando o tronco for para a frente.

Possibilidades de variação
- Manter a posição dos braços e realizar o desenho circular dos halteres.
- Durante a inclinação do tronco para trás, unir os braços estendidos para trás do corpo.
- Durante a inclinação do tronco para a frente, unir os braços estendidos à frente em direção ao chão da piscina.

Cuidados e observações
- Na execução de todo movimento, somente um pé deve tocar o chão da piscina.

Exercícios com material

Foto 81

Foto 82

Foto 83

Exercício nº 20

MATERIAL

Halteres e tornozeleira.

DESCRIÇÃO DA ATIVIDADE

Disposição:

De lado, segurando na borda da piscina, com as pernas unidas e estendidas, com tornozeleiras. O outro braço estendido na lateral, segurando um halter.

Desenvolvimento:

Circundar a perna de fora, de frente para trás. Acrescentar, simultaneamente, a circundução do braço que está com o halter (Fotos 84, 85, 86 e 87).

Possibilidades de variação

- Realizar o movimento de circundução de trás para a frente.
- Coordenar, simultaneamente à circundução da perna, a elevação do braço estendido à frente ou na lateral, ou a flexão e extensão do braço à frente do corpo.

Exercícios com material

Foto 84

Foto 85

Foto 86

Foto 87

Exercício nº 21

MATERIAL
Halteres.

DESCRIÇÃO DA ATIVIDADE

Disposição:
Pernas unidas e estendidas, segurando os halteres na vertical, na frente do peito (Foto 88).

Desenvolvimento:
Elevar os joelhos para a frente; em seguida, para o lado e, depois, unir as pernas, deixando os braços flexionados ao lado do corpo, segurando os halteres na vertical, na frente do peito (Foto 89).
Agregar o movimento de estender os braços à frente, empurrando a água. Em seguida, realizar a circundução dos braços, voltando os halteres à frente do peito.

Cuidados e observações
- Elevar os joelhos sem saltito, com abdômen contraído.
- Manter os halteres com uma das extremidades fora da água.

Foto 88

Foto 89

Exercício nº 22

MATERIAL
   Halteres circulares.

DESCRIÇÃO DA ATIVIDADE
Disposição:
   Elevar os joelhos na diagonal e, simultaneamente, unir as plantas dos pés, com os braços na linha dos ombros, segurando os halteres (Foto 90).

Desenvolvimento:
   Combinar a extensão dos braços na lateral e estender as pernas (Foto 91).

Cuidados e observações
- Não deixar os ombros projetados para trás, o que causaria flutuação do corpo.

Foto 90

Foto 91

Exercício nº 23

MATERIAL
Halteres circulares.

DESCRIÇÃO DA ATIVIDADE

Disposição:

Pernas afastadas e joelhos flexionados, com os braços estendidos na lateral, na linha dos ombros, com as palmas das mãos voltadas para a frente, segurando os halteres (Foto 92).

Desenvolvimento:

Realizar uma ampla rotação do tronco para a direita e para a esquerda (Fotos 93 e 94).

Possibilidades de variação
- Rotação do tronco em quatro tempos. Em seguida, empurrar a água para a frente e para trás, em movimentos rápidos.
- Rotação do tronco em quatro tempos. Em seguida, unir os braços ao longo do corpo e voltar também em quatro tempos.

Cuidados e observações
- Manter os braços sempre na linha dos ombros durante as rotações.

Exercícios com material

Foto 92

Foto 93

Foto 94

Exercício nº 24

MATERIAL
   Bola.

DESCRIÇÃO DA ATIVIDADE
Disposição:
   Deslocar-se pela piscina, em várias direções, com elevação alternada dos joelhos, segurando a bola nas mãos (Foto 95).

Desenvolvimento:
   Juntar o movimento de passar a bola de uma mão para a outra, por baixo dos joelhos (Foto 96).

Cuidados e observações
- Manter a mão aberta para segurar a bola dentro da água durante todo o movimento.

Foto 95

Foto 96

Exercício nº 25

MATERIAL
Bola.

DESCRIÇÃO DA ATIVIDADE
Desenvolvimento:

Deslocar-se, correndo pela piscina, flexionando as pernas em direção ao glúteo e segurando a bola em uma das mãos (Foto 97).

Associar o lançamento da bola, de uma mão para a outra, com as palmas das mãos voltadas para cima (Foto 98).

Possibilidades de variação
- Segurar a bola com uma das mãos e passá-la para a outra por baixo dos joelhos (Foto 99).

Cuidados e observações
- Nessa atividade, o idoso deve lançar a bola com os braços em contato com a água.
- Utilizar bolas que possam ser empunhadas com uma das mãos.

Foto 97

Foto 98

Foto 99

Exercício nº 26

MATERIAL
Bola.

DESCRIÇÃO DA ATIVIDADE
Desenvolvimento:
Elevar os joelhos afastados na diagonal, segurando a bola nas mãos, na altura do peito. Empurrar a bola para baixo em direção ao fundo da piscina (Foto 100).

Cuidados e observações
- Nessa atividade, o idoso deve tocar os pés inteiros no chão da piscina quando voltar da elevação dos joelhos.

Foto 100

Exercício nº 27

MATERIAL
Bola e tornozeleira.

DESCRIÇÃO DA ATIVIDADE

Disposição:

Pernas unidas e estendidas com as tornozeleiras, e braços estendidos na lateral, com a bola em uma das mãos (Foto 101).

Desenvolvimento:

Elevar o joelho direito à frente, voltar e flexionar a perna esquerda para trás, em direção ao glúteo, e voltar (Fotos 102 e 103).

Atrelar o movimento de passar a bola entre as mãos, arrastando-a na superfície da água (Fotos 104 e 105).

Cuidados e observações
- Nessa atividade, o idoso deve executar o movimento sem saltito.

Foto 101

Exercícios com material

Foto 102

Foto 103

Foto 104

Foto 105

Exercício nº 28

MATERIAL
Bola e tornozeleira.

DESCRIÇÃO DA ATIVIDADE

Disposição:

Pernas unidas e estendidas, e braços estendidos na lateral, com a bola em uma das mãos (Foto 106).

Desenvolvimento:

Elevar o joelho direito à frente com os pés flexionados. Em seguida, estender a perna, empurrando a água. Voltar à flexão do joelho e unir as pernas (Fotos 107 e 108).

Combinar a passagem da bola entre as mãos, por trás do corpo (Fotos 109 e 110).

Cuidados e observações

- Nessa atividade, o idoso não deve saltitar nem tocar o pé no final da extensão da perna.

Exercícios com material

Foto 106

Foto 107

Foto 108

Foto 109

Foto 110

Exercício nº 29

MATERIAL
Luvas.

DESCRIÇÃO DA ATIVIDADE

Disposição:
Pernas afastadas e flexionadas, e mãos flexionadas na frente do peito, com as luvas (Foto 111).

Desenvolvimento:
Elevar a perna direita estendida na lateral e voltar. Adicionar a rotação do tronco para a esquerda e, simultaneamente, estender o braço direito, empurrando a água para a esquerda. Depois, inverter (Fotos 112, 113 e 114).

Foto 111

Foto 112

Foto 113

Foto 114

Exercício nº 30

MATERIAL
Luvas.

DESCRIÇÃO DA ATIVIDADE
Desenvolvimento:

Em flutuação vertical, realizar o movimento de pedalar, com os braços flexionados ao lado do corpo e com as palmas das mãos para baixo, usando luvas (Foto 115).

Acrescentar o movimento de pequenos e rápidos círculos com os braços (palmateio) (Foto 116).

Foto 115

Foto 116

Capítulo 3
Exercícios de socialização e descontração

Exercício nº 1

MATERIAL
Bolas grandes de plástico.

DESCRIÇÃO DA ATIVIDADE
Disposição:

Dividir o grupo de idosos em duas equipes paralelas, cujos componentes devem permanecer em duplas, lado a lado, frente a frente, de mãos dadas. A bola deve estar sobre os braços das primeiras duplas.

Desenvolvimento:

Realizar o movimento de corrida estacionária e, simultaneamente, passar a bola com os braços entre as duplas. Ao chegar na última dupla, esta deve assumir o lugar da primeira, e assim sucessivamente.

Possibilidades de variação
- Substituir a corrida estacionária por saltitos, também ao passar a bola.
- Transportar a bola de mãos dadas, com ela flutuando dentro do círculo formado pelos braços.
- Transportar a bola de costas um para o outro, segurando-a sobre a cabeça.
- Em vez de utilizar os braços na passagem da bola, usar dois espaguetes.

Exercício nº 2

MATERIAL
Bolas de diferentes tamanhos.

DESCRIÇÃO DA ATIVIDADE
Disposição:

Em duplas, com uma bola, à vontade pelo espaço.

Desenvolvimento:

A dupla deve trocar passes com a bola, deslocando-se pela piscina. Ao sinal do profissional, trocar a bola entre as duplas e recomeçar a atividade.

Possibilidades de variação
- Formar trios, quartetos ou outros, conforme orientação do profissional.
- Formar grupos maiores, com a utilização de duas ou mais bolas.
- Trocar de dupla.

Exercício nº 3

MATERIAL
Bola.

DESCRIÇÃO DA ATIVIDADE
Disposição:

Dividir o grupo de idosos em duas equipes. Uma bola e um alvo (halter, cone, prancha) devem estar na borda da piscina.

Desenvolvimento:

A equipe que tem a posse de bola deve trocar dez passes entre si, com o objetivo de derrubar o alvo. Ao mesmo tempo, a outra equipe tenta interceptar a bola. Caso consiga, recomeça-se a contagem da bola.

Possibilidades de variação
- Substituir a contagem dos 10 passes por nomes de frutas, cidades e cores.

Cuidados e observações
- Nessa atividade, o profissional não deve permitir que o passe seja repetido pela mesma pessoa sucessivamente.

Exercício nº 4

MATERIAL
Bolas.

DESCRIÇÃO DA ATIVIDADE

Disposição:

Dividir o grupo de idosos em três colunas (trenzinhos), com uma bola, ao som de uma música contagiante.

Desenvolvimento:

A coluna (trenzinho) deve deslocar-se pela piscina e, ao mesmo tempo, passar a bola entre si. Ao parar a música, o componente do grupo que tiver a posse da bola na mão assume a liderança, dando sequência à atividade.

Possibilidades de variação
- Variar o deslocamento do grupo (de costas, lateral-mente, saltitando).
- Realizar uma competição entre os trenzinhos.
- A pessoa com a posse da bola deve assumir a liderança em outro grupo.

Exercício nº 5

MATERIAL

Bolas diversas.

DESCRIÇÃO DA ATIVIDADE

Disposição:

Dividir o grupo de idosos em duas equipes, uma de cada lado da piscina, com a maior quantidade de bolas possível.

Desenvolvimento:

Realizar qualquer movimento com as pernas (corrida; elevação alternada da perna para a frente; unir e afastar). Ao sinal do profissional, cada equipe deve "se livrar" das bolas, lançando-as para o lado da equipe adversária. A um novo sinal, é feita a contagem da quantidade de bolas que está com cada equipe. A equipe vencedora é aquela que tiver o menor número de bolas.

Possibilidades de variação

- Realizar o arremesso da bola em duplas com as mãos dadas.
- Executar a atividade com as equipes de costas uma para a outra.

Exercício nº 6

MATERIAL
Bolas e outros materiais aquáticos.

DESCRIÇÃO DA ATIVIDADE

Disposição:

Definir quatro grupos de idosos, um em cada borda da piscina. No centro, deve estar uma grande quantidade de bolas e outros objetos.

Desenvolvimento:

Ao sinal do profissional, todas as equipes se dirigem ao centro da piscina e devem transportar o máximo de bolas para o seu campo (borda). Vence a equipe que tiver conseguido o maior número de objetos.

Possibilidades de variação
- O deslocamento pode ser de mãos dadas.
- Levar os materiais para as equipes adversárias, vencendo quem tiver o menor número de objetos.
- Cada idoso só pode carregar um objeto por vez.

Exercício nº 7

MATERIAL
Chapéu.

DESCRIÇÃO DA ATIVIDADE

Disposição:

Em duplas, com um idoso do grupo usando um chapéu na cabeça.

Desenvolvimento:

O profissional estimula a simulação de um baile com músicas tradicionais (valsa, tango, bolero, entre outras). O idoso que estiver com o chapéu passa para outro participante, que assume o seu lugar. No momento em que a música parar, quem estiver com o chapéu deve expressar seu sentimento pelo grupo.

Possibilidades de variação

- Utilizar mais de um chapéu.

Exercício nº 8

MATERIAL

Camiseta, boné e colar.

DESCRIÇÃO DA ATIVIDADE

Disposição:

Em duplas, com uma camiseta, um boné e um colar na borda da piscina.

Desenvolvimento:

Ao sinal do profissional, um idoso veste o outro. Ao finalizar essa tarefa, a dupla deve correr de mãos dadas até a outra borda para realizar a troca das roupas, retornando ao ponto de partida.

Possibilidades de variação

- Variar as formas de deslocamento de uma borda para a outra.
- Inserir mais peças de roupa.
- Efetuar as trocas de roupas durante o deslocamento.

Cuidados e observações

- Utilizar roupas claras nessa atividade, a fim de evitar o seu desbotamento ou alterações na qualidade da água da piscina.

Exercício nº 9

MATERIAL
Bexigas e barbante.

DESCRIÇÃO DA ATIVIDADE
Disposição:

Em duplas, de mãos dadas, tendo um deles um barbante amarrado no braço com uma bexiga.

Desenvolvimento:

O idoso que está sem a bexiga deve conduzir o companheiro, protegendo a bexiga pertencente à dupla. Ao mesmo tempo, tenta estourar as outras bexigas.

Possibilidades de variação
- Formar duplas com bexigas. Quem está sem a bexiga deve tentar estourar a dos companheiros, que tentam impedir. Caso consiga, a dupla deve juntar-se a outra dupla sem bexiga, formando uma corrente, de mãos dadas, para estourar o restante das bexigas.

Cuidados e observações
- Cuidado ao amarrar o barbante no companheiro.
- Ao finalizar a atividade, recolher o resto das bexigas para não danificar o filtro e a qualidade da água.

Exercício nº 10

MATERIAL
Bastão.

DESCRIÇÃO DA ATIVIDADE
Disposição:

Em duplas, em uma das bordas da piscina, com um bastão para os dois.

Desenvolvimento:

Ao sinal do profissional, um idoso transporta o outro pelo bastão. O idoso que está sendo transportado deve estar com as pernas estendidas e unidas, com a ponta dos pés no chão da piscina.

Possibilidades de variação
- Puxar o companheiro, que pode estar em diferentes posições: flutuação ventral, dorsal ou lateral.
- Diversificar as duplas, explorando estatura, pesos e resistências diferentes.
- Utilizar flutuadores.

Cuidados e observações
- Durante a realização da atividade, o idoso deve deixar o corpo bem relaxado para facilitar o transporte.

Exercício nº 11

DESCRIÇÃO DA ATIVIDADE

Disposição:

Em duplas, em pé, frente a frente, com as mãos dadas, saltitar um para a direita e o outro para a esquerda. Ao sinal do profissional, ambos devem parar e empurrar um ao outro, tentando deslocar o companheiro.

Possibilidades de variação

- Exercício combinado: realizar quatro tempos saltitando para a lateral, e quatro tempos saltitando e tocando as mãos acima da cabeça.

Cuidados e observações

- Estar atento ao equilíbrio dos idosos para evitar que um derrube o outro.

Exercício nº 12

MATERIAL
Espaguetes.

DESCRIÇÃO DA ATIVIDADE
Disposição:

Duas equipes de idosos em coluna, com os componentes em duplas, um deles sentado sobre o espaguete e o outro em pé.

Desenvolvimento:

O idoso em pé deve transportar o companheiro por uma distância estipulada pelo profissional. Chegando ao local determinado, trocar.

Possibilidades de variação
- Executar a atividade em competição, vencendo a dupla que terminar os transportes primeiro.
- Cada um dos componentes da dupla em uma borda. Ao sinal, deslocar-se com o auxílio dos braços. Ao encontrar o companheiro, passar o espaguete para o outro e continuar a trajetória até a borda oposta.

Exercício nº 13

MATERIAL

Espaguetes.

DESCRIÇÃO DA ATIVIDADE

Disposição:

Um círculo com todos os idosos participantes, com um espaguete segurado pelas mãos entre eles.

Desenvolvimento:

Dançar ao som do ritmo proposto. Quando o profissional disser "Viva a vida!", todos devem formar círculos com espaguetes da mesma cor. O grupo que se formar primeiro ganha o direito da escolha do ritmo da próxima música.

Possibilidades de variação

- Formar figuras geométricas em grupo, conforme solicitação do profissional.

Cuidados e observações

- O profissional deve chamar a atenção para que os deslocamentos sejam realizados tocando o chão da piscina.

Exercício nº 14

Descrição da atividade

Disposição:

Os idosos devem estar divididos em quatro grupos, um em cada borda, com um deles no centro da piscina (guarda de trânsito).

Desenvolvimento:

O "guarda de trânsito" deve estender os braços, apontando dois grupos diferentes, que devem trocar de lugar.

Possibilidades de variação
- Variar as formas de deslocamento: mãos dadas, trenzinho, braços entrelaçados, andando ou trotando.

Cuidados e observações
- Cuidar para que os grupos passem à direita do guarda, obedecendo às regras de trânsito.
- Todo o grupo deve passar pelo meio e estar completo na borda da piscina para ser considerado o vencedor.

Exercício nº 15

DESCRIÇÃO DA ATIVIDADE

Disposição:

Em círculo, de mãos dadas, com os braços elevados acima da superfície da água e, espalhados dentro desse círculo, idosos em número maior do que aqueles que o formam.

Desenvolvimento:

Colocar uma música e todos os idosos que estão dentro do círculo devem movimentar-se. Ao parar a música, cada idoso fica sob os braços dos idosos que formam o círculo. Caso não encontre a "toca", assume a liderança, determinando uma tarefa para o grupo.

Possibilidades de variação
- Ao invés de elevar os braços, abaixá-los com o propósito de formar "cadeirinhas" para os idosos sentarem.

Exercício nº 16

DESCRIÇÃO DA ATIVIDADE

Disposição:

Dois círculos, com os idosos posicionados em forma de "trenzinho".

Desenvolvimento:

Ao sinal do profissional, os participantes devem realizar o "caracol" (movimento da quadrilha junina) e depois voltar ao círculo.

Possibilidades de variação

- Formas diferenciadas de deslocamento.
- Unir os dois grupos em um caracol gigante.
- Unir cada integrante do caracol, segurando um espaguete.

Cuidados e observações

- O profissional deve incentivar os idosos a não perderem a caracterização da figura do caracol.

Exercício nº 17

MATERIAL
Bolas.

DESCRIÇÃO DA ATIVIDADE

Disposição:

Em duas colunas, em um dos lados da piscina, com o primeiro de cada coluna trazendo uma bola na mão.

Desenvolvimento:

Ao sinal do profissional, as colunas devem deslocar--se em corrida até o outro lado da piscina. Ao mesmo tempo, o primeiro deve passar a bola para o segundo, por cima da cabeça, e realizar um meio giro, continuando a corrida em sentido contrário, ou seja, de costas, até chegar ao último, que, por sua vez, executa a mesma proposta.

Possibilidades de variação
- Formas diferenciadas de passar a bola: saltando, pela lateral ou por baixo das pernas.
- Variar as formas de deslocamento: elevando os joelhos alternadamente ou afastando e unindo as pernas.
- Executar a mesma proposta com a formação em fileiras, uma de frente para a outra.

Exercício nº 18

MATERIAL
Bolas.

DESCRIÇÃO DA ATIVIDADE

Disposição:

Em quatro equipes, divididas nas bordas da piscina com uma numeração determinada pelo profissional, e o primeiro de duas das colunas traz uma bola na mão.

Desenvolvimento:

Ao sinal do profissional, os dois que têm a bola devem lançá-la para o primeiro da coluna à sua frente e deslocar-se para o final dessa coluna (transfere coluna). O idoso que recebeu a bola deve executar o mesmo movimento, e assim sucessivamente, até que todos tenham mudado de coluna.

Possibilidades de variação
- Formas diferenciadas de deslocamento: saltando, elevando os joelhos alternadamente, afastando e unindo as pernas.
- Quando dois integrantes de equipes contrárias se encontrarem no centro, devem saltar e tocar as mãos no alto e, em seguida, terminar o deslocamento de costas.

Cuidados e observações
- Dependendo do nível da turma, manter as colunas próximas para evitar grandes deslocamentos.

Exercício nº 19

MATERIAL

Espaguetes.

DESCRIÇÃO DA ATIVIDADE

Disposição:

Dividir o grupo de idosos em quatro equipes, com vários espaguetes espalhados pela piscina.

Desenvolvimento:

O profissional anuncia um tema e os grupos devem formar figuras alusivas a ele, com os espaguetes.

Possibilidades de variação

- Os grupos devem executar movimentos e sons para a figura criada.
- Criar uma encenação de acordo com a figura e o tema.

Cuidados e observações

- Caso o profissional possua conectores para espaguetes, colocá-los à disposição, visando contribuir para a criatividade dos grupos.

Exercício nº 20

MATERIAL
Espaguetes.

DESCRIÇÃO DA ATIVIDADE

Disposição:

Todos os participantes espalhados pela piscina com um espaguete em forma de nó.

Desenvolvimento:

Ao sinal do profissional, os idosos devem jogar os espaguetes para o alto sem deixá-los cair na piscina. Quando o profissional disser "estátua", todos devem estar com um espaguete nas mãos e imóveis. O idoso que não tiver o material em mãos deve, por exemplo, recitar um poema sobre a personalidade dos integrantes do grupo.

Exercício nº 21

MATERIAL

Arco adaptado (circunferência maior, com um pouco de areia, para que o arco não flutue).

DESCRIÇÃO DA ATIVIDADE

Disposição:

Em círculo, de mãos dadas, com um arco.

Desenvolvimento:

Passar o arco pelo corpo dos idosos, sem soltar as mãos.

Possibilidades de variação

- Utilizar mais arcos.

Cuidados e observações

- Não é permitido soltar as mãos na tentativa de passar pelo arco.

Exercício nº 22

DESCRIÇÃO DA ATIVIDADE

Disposição:

Em círculo, um atrás do outro.

Desenvolvimento:

Movimentar os braços vigorosamente, produzindo ondas em direção às costas do idoso da frente, visando efetuar massagem e relaxamento com a turbulência da água produzida pelas mãos.

Possibilidades de variação

- Em duplas ou grupos menores, objetivando que somente um deles receba a massagem.
- Direcionar a água para outras partes do corpo.

Bibliografia

AGUIAR, J. B. DE; GURGEL, L. A. Investigação dos efeitos da hidroginástica sobre a qualidade de vida, a força de membros inferiores e a flexibilidade de idosas: um estudo no Serviço Social do Comércio - Fortaleza. *Revista Brasileira de Educação Física e Esporte*, São Paulo, v. 23, n. 4, p. 335-344, out./dez. 2009.

ALENCAR, N. DE A. et al. Nível de atividade física em mulheres idosas. *RBPS,* Fortaleza, v. 24, n. 3, p. 251-257, jul./set. 2011.

ALENCAR, R. S. Ensinar a viver, ensinar a envelhecer: desafios para a educação de idosos. *Estudos Interdisciplinares do Envelhecimento*, v. 4, p. 61-83, 2002.

ALVES, R. V. et al. Aptidão física relacionada à saúde de idosos: influência da hidroginástica. *Revista Brasileira de Medicina do Esporte*, Niterói, v. 10, n. 1, jan.-fev., p. 35-82, 2004.

ANDRADE, R. M.; MATSUDO, S. M. M. Relação da força explosiva e potência muscular com a capacidade funcional no processo de envelhecimento. *Revista Brasileira de Medicina do Esporte* [online], v. 16, n. 5, p. 344-348, 2010.

CALDAS, B.; CEZAR, C. *Manual do profissional de fitness aquático*. Rio de Janeiro: Shape, 2001.

CAMPBELL, J. et al. Metabolic and cardiovascular response to shallow water exercise in young and older women. *Medicine & Science in Sports & Exercise*, v. 35, n. 4, p. 675-681, 2003.

CERRI, A. *Hidroginástica para idosos: o que dizem os praticantes*. 2003. 100 f. Dissertação (Mestrado em Educação Física) – Faculdade de Ciências da Saúde, Universidade Metodista de Piracicaba, Piracicaba, 2003.

CHIARI, H. et al. Exercício físico, atividade física e os benefícios sobre a memória de idosos. *Revista Psicologia e Saúde*, v. 2, n. 1, p. 42-49, 2010.

CRUZ, R. C. DA; FERREIRA, M. DE A. Um certo jeito de ser velho: representações sociais da velhice por familiares de idosos. *Texto Contexto - Enferm*. [online], v. 20, n. 1, p. 144-151, 2011.

DARBY, L.; YAEKLE, B. Physiological responses during two types of exercise performed on land and in water. *Journal of Sports Medicine and Physical Fitness*, v. 40, n. 4, p. 303-311, 2000.

EGITO, M. DO; MATSUDO, S.; MATSUDO, V. Auto-estima e satisfação com a vida de mulheres adultas praticantes de atividade física de acordo com a idade cronológica. *Revista Brasileira de Ciência e Movimento*, v. 13, n. 3, p. 59-66, 2005.

FREITAS, M. C. DE; QUEIROZ, T. A.; SOUSA, J. A. V. DE. O significado da velhice e da experiência de envelhecer para os idosos. *Revista da Escola de Enfermagem da USP,* v. 44, n. 2, p. 407-12, 2010.

GALLARDO, J. S. P. (Org.). *Educação Física*: contribuições à formação profissional. 4. ed. Ijuí: Unijuí, 2004.

GROPPO, H. S. et al. Efeitos de um programa de atividade física sobre os sintomas depressivos e a qualidade de vida de idosos com demência de Alzheimer. *Revista Brasileira de Educação Física e Esporte*, São Paulo, v. 26, n. 4, p. 543-551, out./dez. 2012.

GUERRA, A. C. L. C.; CALDAS, C. P. Dificuldades e recompensas no processo de envelhecimento: a percepção do sujeito idoso. *Ciência & Saúde Coletiva*, v. 15, n. 6, p. 2931-2940, 2010.

HOEFELMANN, C. P. et al. Aptidão funcional de mulheres idosas ativas com 80 anos ou mais. *Motriz,* Rio Claro, v. 17, n. 1, p. 19-25, jan./mar. 2011.

KRUEL, L. F. M. *Alterações fisiológicas e biomecânicas em indivíduos praticando exercícios de hidroginástica dentro e fora da água*. 2000. 114 f. Tese (Doutorado em Ciência do Movimento Humano) – Universidade Federal de Santa Maria, Rio Grande do Sul, 2000.

LEAL, S. M. DE O. et al. Efeitos do treinamento funcional na autonomia funcional, equilíbrio e qualidade de vida de idosas. *Revista Brasileira de Ciência e Movimento,* v. 17, n. 3, p. 61-69, 2009.

LEITE, L. E. DE A. et al. Envelhecimento, estresse oxidativo e sarcopenia: uma abordagem sistêmica. *Revista Brasileira de Geriatria e Gerontologia,* Rio de Janeiro, v. 15, n. 2, 2012.

LEITE, P. F. *Fisiologia do exercício*: ergometria e condicionamento físico - Cardiologia desportiva. 4. ed. São Paulo: Robe, 2000.

MADEIRA, M. C. et al. Atividade física no deslocamento em adultos e idosos do Brasil: prevalências e fatores asociados. *Caderno de Saúde Pública*, Rio de Janeiro, v. 29, n. 1, p. 165-174, jan. 2013.

MARQUES, M. *Hidroginástica*: exercícios combinados, cinesiologia aplicada à hidroginástica. Rio de Janeiro: Ney Pereira, 1999.

MATIJASEVICH, A.; DOMINGUES, M. R. Exercício físico e nascimentos pré-termo. *Revista Brasileira de Ginecologia e Obstetrícia* [online], v. 32, n. 9, p. 415-419, 2010.

MATSUDO, S. M.; MATSUDO, V. K. R.; BARROS NETO, T. L. Impacto do envelhecimento nas variáveis antropométricas, neuromotoras e metabólicas da aptidão física. *Revista Brasileira de Ciência e Movimento*, Celafiscs, São Caetano do Sul, v. 8, n. 4, p. 85-92, set. 2000.

McARDLE, W. D.; KATCH, F. I.; KATCH, V. L. *Fisiologia do exercício*: energia, nutrição e desempenho humano. 5. ed. Rio de Janeiro: Guanabara Koogan, 2003.

NAHAS, M. *Atividade física, saúde e qualidade de vida*: conceitos e sugestões para um estilo de vida ativo. 2. ed. Londrina: Midiograf, 2001.

NASSAR, S. E. *O corpo idoso nas atividades aquáticas*: o significado para os praticantes. 2004. 122 f. Dissertação (Mestrado em Educação Física) – Faculdade de Ciências da Saúde, Universidade Metodista de Piracicaba, Piracicaba, 2004.

NERI, A. L. Paradigmas contemporâneos sobre o desenvolvimento humano em psicologia e em sociologia In: _____. *Desenvolvimento e envelhecimento*: perspectivas biológicas, psicológicas e sociológicas. Campinas: Papirus. 2001. p. 17-29.

OLIVEIRA, P. H. DE; MATTOS, I. E. Prevalência e fatores associados à incapacidade funcional em idosos institucionalizados no Município de Cuiabá, Estado de Mato Grosso, Brasil, 2009-2010. *Epidemiol. Serviço Saúde* [online], v. 21, n. 3, p. 395-406, 2012.

PORTES JÚNIOR, M. *Um velho livro raro*: a auto-percepção do idoso participante de um programa de hidroginástica. 2003. 100 f. Dissertação (Mestrado em Educação Física) – Faculdade de Ciências da Saúde, Universidade Metodista de Piracicaba, Piracicaba, 2003.

RASO, V. Exercícios com pesos para pessoas idosas: a experiência do Celafiscs. *Revista Brasileira de Ciência e Movimento*, Celafiscs, São Caetano do Sul, v. 8, n. 4, p. 43- 51, set. 2000.

RIBEIRO, J. A. B. et al. Adesão de idosos a programas de atividade física: motivação e significância. *Revista Brasileira de Ciências do Esporte*, Florianópolis, v. 34, n. 4, p. 969-984, out./dez. 2012.

ROSAN, T. et al. Condições de saúde e nível de atividade física em idosos participantes e não participantes de grupos de convivência de Florianópolis. *Ciência & Saúde Coletiva*, v. 17, n. 8, p. 2087-2093, 2012.

SANDERS, M. *YMCA Water Fitness for Health*. Champaign: Human Kinetics Publishers, 2000.

SANTOS, P. M. DOS et al. Percepção de qualidade de vida entre idosos jovens e longevos praticantes de hidroginástica. *Revista Brasileira de Qualidade de Vida,* Ponta Grossa, v. 5, n. 1, p. 1-11, jan./jun. 2013.

SILVA, L. M. et al. Representações sociais sobre qualidade de vida para idosos. *Revista Gaúcha de Enfermagem*, Porto Alegre, v. 33, n. 1, p. 109-115, mar. 2012.

SILVA, M. F. DA et al. Relação entre os níveis de atividade física e qualidade de vida de idosos sedentários e fisicamente ativos. *Revista Brasileira de Geriatria e Gerontologia*, Rio de Janeiro, v. 15, n. 4, p. 635-642, 2012.

SIMÕES, R.; PORTES JÚNIOR, M.; MOREIRA, W. W. Idosos e hidroginástica: corporeidade e vida. *Revista Brasileira de Ciência e Movimento*, Brasília, v. 19, n. 4, p. 40-50, 2011.

SOVA, R. *Hidroginástica na terceira idade*. São Paulo: Manole, 1998.

VERAS, R. Envelhecimento populacional contemporâneo: demandas, desafios e inovações. *Revista Saúde Pública*, v. 43, n. 3, p. 548-554, 2009.

WATANABE, E. et al. Comparison of water and land-based exercise in the reduction of state anxiety among older adults. *Perceptual and Motor Skills*, v. 91, p. 97-104, 2000.

Sobre o Livro
Formato: 17 x 24 cm
Mancha: 11 x 20 cm
Papel: Offset 90 g
nº páginas: 112
Tiragem: 2.000 exemplares
2ª edição: 2015

Este livro segue o novo Acordo Ortográfico da Língua Portuguesa

Equipe de Realização
Assistência editorial
Liris Tribuzzi

Assessoria editorial
Maria Apparecida Faria Marcondes Bussolotti

Edição de texto
Diego Dell'Erba (Preparação do original e copidesque)
Gerson Silva (Revisão)

Editoração eletrônica
Davi Menezes Silva (Projeto gráfico)
Évelin Kovaliauskas Custódia (Adaptação para a 2ª edição)

Fotografia
Neusa Aparecida Domingos Nassar e Henriqueta Borges Fonseca (modelos)

Impressão
Intergraf Indústria Gráfica Eireli